지금,
마음껏 꽃 피워라

지금, 마음껏 꽃 피워라
고기택 제5시집

초판 1쇄 발행 2025년 3월 31일

지은이 고기택
펴낸이 장길수
펴낸곳 지식과감성#
출판등록 제2012-000081호

교정 김나현
디자인 김희영
편집 오정은
검수 주경민, 정윤솔
마케팅 김윤길

주소 서울시 금천구 벚꽃로298 대륭포스트타워6차 1212호
전화 070-4651-3730~4
팩스 070-4325-7006
이메일 ksbookup@naver.com
홈페이지 www.knsbookup.com

ISBN 979-11-392-2500-6(03810)
값 15,000원

- 이 책의 판권은 지은이에게 있습니다.
- 이 책 내용의 전부 또는 일부를 재사용하려면 반드시 지은이의 서면 동의를 받아야 합니다.
- 잘못된 책은 구입하신 곳에서 바꾸어 드립니다.

지식과감성#
홈페이지 바로가기

고기택
제5시집

지금, 마음껏 꽃 피워라

가끔
미워하는 마음이 생기는 것은
심었던 것 중에
미움의 꽃씨도 있었나 봅니다

시인의 말

   글을 쓰면서 아름다운 생은 어떤 것일지 많은 생각을 해 봤다. 개인적인 가치 기준이 다름으로 사람마다의 생각 차이가 있겠지만, 공통점으로 사랑하려는 마음이 기본적으로 내포된 삶을 살고 싶을 것이다. 사실 가장 어려운 것이기도 하지만, 선과 악을 떠나서, 사랑이란 마음을 갖고 살고 싶지 않은 사람은 없을 것이다.
   예술에서의 모든 표현도 결국 추구하는 것이 그게 아닌가 싶다. 다만, 그림으로, 음악으로, 글로, 조각으로 다양한 방법을 통하여 표현하는 방법이 다를 뿐이다. 갈등과 미움으로 번민하는 과정에서 잉태하는 사랑을 예술의 이름으로 표현하는 것은 사람만이 할 수 있는 것이라서, 한 번쯤은 그런 시도를 하였던 경험이 누구에게나 있었을 것이다.
   저자 역시 그런 범주에서 글을 쓰게 되었다고 말하고 싶다. 무엇을 남기려는 욕심이 아니라, 내면에 있던 것을 찾아서 글로 표현했다는 것이다. 나의 시를 읽으면서 오히려 반문해 보면 더 좋겠다는 생각을 해 본다.

2025년 봄에

차례

시인의 말　　　　　　　5

1부 아비 사랑

그대와 살아온 시간　　10	띠앗　　　　　　32
너와 내 생각　　　　　12	가랑비와 마음　　34
사랑과 미움　　　　　13	잔디 꽃　　　　　35
그릇 같은 인생　　　　15	인생길　　　　　36
하루 1　　　　　　　　16	하루라는 선물　　38
아비 사랑　　　　　　17	
그리운 날　　　　　　18	
49일　　　　　　　　　19	
사람 꽃 1　　　　　　20	
길　　　　　　　　　　21	
사랑　　　　　　　　　22	
그늘　　　　　　　　　23	
웃자　　　　　　　　　24	
숨바꼭질　　　　　　25	
숨소리　　　　　　　26	
살아가는 날들에게　　27	
유월이 가는 길목　　28	
세월에게　　　　　　30	

2부 선배에게

세상살이	40
사랑하기 좋은 날	42
세월	43
선배에게	44
후배에게	45
그리운 사람	46
세상 사는 맛	47
회상	48
침묵하는 너에게	49
이기적인 사랑	51
나의 노래	52
반성	53
미쳐 가는 세상	54
좋은 인연	55
하고 싶은 말	56
휴식	57
귀향	58
그대 그리운 날에	60
가을 오는 소리	61
내 청춘 같은 솔아	62
아침 편지	64
이랬으면 좋겠다	66

3부 내 친구는

모닥불	68
세상을 사는 법	70
변덕에 변명	72
그리운 사람 1	73
벼락 치는 날	74
귀뚜라미	75
전화	76
내 친구는	77
8월의 마지막 날	78
청춘	80
어머님께 쓰는 편지	81
그대가 걸었던 길	83
깊어 가는 가을 아침	84
야생화	85
소주 한 병	86
쉽게 하는 말	87
벽	88
사람 꽃 2	90
마음	92
생각	93
안부	94
오름	96
내 고향의 산	98
9월의 끝자락	99
친구에게 1	101

어려운 사랑	103
생각해 보면	105
잡초	106

4부 당신의 의자

좋은 사람	108	소리 없는 외침	137
나쁜 사람	110	무모한 사랑	139
보통 사람	112	하루 2	141
날궂이	114	인생	142
오징어 게임	115	그대여	143
당신의 의자	116	분에 문에	144
거울을 보며	117	우리가 심은 꽃씨	145
그리움	119	퇴고 & 인생	146
친구에게 2	120	인연에 대한 생각	147
삶	122	사랑과 우정	149
그리운 사람 2	124		
출근길	125		
정년을 앞둔 친구에게	127		
그릇	129		
인생이란 그릇	131		
그놈	133		
노을 꽃	135		
보고 싶은 사람	136	에필로그	150

1부
아비 사랑

아비 사랑은
깊은 바닷속이라
빛이 드리우지
못하는 슬픈 사랑

그대와 살아온 시간

무디어진 것은
매일 쓰는 칼인 줄 알았는데
흐르는 세월 따라 사람 마음도 그러더라
숫돌에 정성을 다하면
날이 서 처음 같은 느낌인데
내 마음은 무엇으로 그리할까

그대와 처음 만나
눈에 가득했던 것들
삶의 여파에 녹아내린다
그게 정이라고 하지만
젊은 날의 느낌을
다시 가슴에 담을 재주가 있다면
밤샘 공부라도 할 텐데
세월을 거꾸로 하지 못해
생각도 못 하며 살아간다

시간을 돌려
처음 만났던 날이 되어
다시 하루씩 되돌려 오늘까지 온다면
우린 다른 삶을 살 수 있었을까

먼 곳을 바라보면 걸어온 길에
이슬처럼 반짝이는 것들이
값비싼 보석은 아니겠지만
삶을 같이해 온 흔적이기에
그보다 좋은 가슴이라 말하면
그대는 그렇다고 할까

녹슨 칼처럼
사랑도 우정도 되살릴 수 있다면
나는 매일 칼 가는 사람이 되고 싶다

상처 나고 무뎌지고
녹슬어 가는 것이 정이라 말하면
그 위에 옻칠하는 사람이 되고 싶고
같이한 시간이 행운이라 말하면
그대, 나를 안아 줄 텐가

너와 내 생각

네가 화분에 핀 꽃을 보며
예쁘다 할 때
산에 핀 들꽃이 떠올랐다

내가 바다가 좋다 하면
너는 산이 더 좋다고 했지
세상을 보는 눈이
서로 달랐던 것이지

눈빛이
생각을 가로막는 장벽이란 것을
서로 인정할 때
우리는 대화할 수 있었다

너의 생각은 내 뒤편에 있고
내 생각은 너의 뒤편에 있어서
우린 만남이 필요했다

너에게 보낸 박수는
나에게 돌아와 웃음이 되었고
우리 생각은 평행선이었지
그걸 알기까지가 힘들었다

사랑과 미움

한쪽 가슴에 있는 사랑은
주고, 또 주어도 꽃잎처럼 피어납니다
다른 가슴에 싹트는 미움은
매일 지워도 샘물처럼 솟아나고요

마지막 남은 사랑일 때
누구에게 줄지 생각해 보면
너무 많아 말하기가 어려워
꼭꼭 숨겨 보여 주지 않으렵니다

미움의 가슴을 지우라 하시면
지우겠다고 대답은 거침없이 하겠지만
자신이 없습니다

사랑은 매일 주고
미움은 하나씩 지우는
적은 노력을 하며 살려고 합니다
아무것도 하지 않으면
변명을 또 해야 하기 때문입니다

사랑을 주고
거기에 미움을 넣어 보낼 때
가슴이 너무 아프답니다
미움이 더 큰 사랑이었기 때문이지요

오늘은
미움 하나는 덮고 내일 보낼 사랑을
아침부터 저녁까지 할 생각입니다
내 마음이 편하기 위해서요

당신에게 전하는 것들이
사랑인지 미움인지
생각하지 않으셔도 됩니다
미울 때는 소식을 전하지 않으니까요

그릇 같은 인생

내 그릇은 내가 보지 못해
남의 그릇만 보며 살아갑니다

알록달록 예쁜 그릇
모서리가 깨져 너덜너덜한 그릇
깨지면 어떻고, 예쁘면 어쩌랴
있어야 할 곳에 있는 그릇이면 충분하지
황금 그릇에 술은 담지 못하듯
그 자리에 알맞게 있으면 됩니다

우리가 사는 인생
내 그릇이 작다고 말해도
부러워하지 말아요
큰 그릇은 술잔으로 못 씁니다

행복한 사람은
살아온 그릇에 덧칠하고
불행한 사람은 날마다 흠집 내지요
우리가 만든 그릇은
누가 시켜서 만든 게 아닙니다
사회라는 놈에게 화살 돌리지 마세요
비겁한 사람이 그릇을 깹니다

하루 1

누구에게나 똑같이
주어지는 하루
하루가 모여서 한 달
그게 모여 일 년
쌓이면 인생

매일 똑같이
우리에게 편견 없이 주어지는
하루

시간이 흐른 뒤에
지나간 인생을 말하겠지

특별한 하루
그건,
기대하지 마세요
불쑥 찾아오는 손님이기에

아비 사랑

어미 사랑은 온돌방 같아
쉬 뜨겁지도 식지도 않는 은은한 사랑

책을 읽어 봐도,
누군가 쓴 시를 봐도
아비 사랑은 가슴으로 우는 사랑

아비 사랑은
깊은 바닷속이라
빛이 드리우지 못하는 슬픈 사랑

꾸중하고 뒤돌아서 우는 사랑
이 세상 아비들 사랑입니다

어미처럼 다가서지 못해
가시고기가 되고 싶은
가슴 아픈 사랑
아비는 그런 사랑을 합니다

그리운 날

비바람 몰아치는 날에는
가슴에 숨어 있던 이야기
아지랑이 피어나듯 살아나
차분하게 눈에 보이는 당신

그중에 곱씹어 볼 것이 있어
상념에 잠기면
따뜻한 커피 한 잔 손에 들리고
거기에 그려진 얼굴

그리운 사람
보고 싶어도 못 볼 사람이라
더 그리워지는 날입니다

천둥소리에
그 목소리 들리고
번개 치면 모습 보여
창문 너머 바라봅니다

사랑이 그립고
당신이 보고 싶은 날입니다

아비 사랑을 하셨지요

49일

사람들 사는 세상에
잠시 왔다가
어느 날 떠나간 사람

떠나고 없는 사람은
저기 멀리에 누워 사람 기다리고
사람들은 모여
거기 누운 사람 부르네

향내 그윽하게 퍼지니
이제 떠나는 사람
아쉬움에 고개 떨구고
보내는 사람 눈물 흘리네

49일
하루가 쌓이던 날에
서러움 떨쳐 버리는 또 하루
잊히는 사람이 되었네

그렇게 떠나보냈네

사람 꽃 1

계절 따라 피는 꽃이 다르듯
사람마다 필 때가 다르니
어제 슬펐다고
내일도 슬프진 않으리니
눈물 거두라

지금 만발한 꽃도
바람 거세게 불면 창공에 날리고
피지 못해 떨어진 망울은
날리는 꽃보다 더 서럽다

너의 꽃망울은
누구도 피워 주지 못하는
하나밖에 없는 꽃
때가 되면 곱게 피어
벌 나비 가득 날아들게
향기 듬뿍 품어라

지금, 마음껏 꽃 피워라
그 향기 맡으러
내가 달려갈 테니

길

넘어지고 깨지고
들려오는 소리 중에
귀 간지럽게 하는 것들 있어도
모른 척 걸어가는 길

뜻이 달라
얼굴 붉히며 소리 지르고
아무리 떠들어도 고개 돌릴 때
가슴에 전해지는 허탈감

어깨 펴 하늘을 보니
구름 조각 짝하여 놀고
불어오는 바람에 시름 던지며
희망 한 줄 거기에 싣고 나서는 길

울음에 웃음을 섞어
목메게 한 끼를 넘기고 나면
저녁노을 다가와 산에 걸려 씨름하고
피곤해도 소리 없이 스쳐 가는 길

길은 하루씩 작아지고
무뎌져 녹슨 칼과 같구나

사랑

내 가슴에 담고
넘치면 나누어 주고 싶은 것

꿈속에서 생각하고
만나면 하고 싶은 말

화낸 다음 미안해서
너에게 듣는 말

부끄러워 자주 못 하는
들으면 가슴 시린 한마디

끝에 주고 싶고
마지막에 받고 싶은 선물

주고받으면
가슴 뛰게 하는 것

사랑은 묘한 거구나

그늘

살다 보니
그림자보다 착한 그늘이 그립다

어머님이
그늘 되어 살라 했는데
해가 달음질하면 자리를 옮기듯
내 그늘도 그렇게 바뀐다

쉬고 싶을 때
내가 찾은 그늘에는
미운 사람, 처음 보는 사람도 있다

누군가 쉬고 갈
내가 만든 그늘도
들르는 사람 없으면 그림자일 뿐

예쁜 그림자보다 허름해도
사람들 찾아 쉬고 가는 그늘
내리쬐는 태양 아래서
나는 너에게
작은 그늘이고 싶다

웃자

웃으면 젊어진다고 하더라

티브이 보면서
남들은 웃겨 죽는다고 난린데
따라 웃지 못해
생각해 보니
내 탓

코미디를 보고 박장대소할 때
물끄러미 바라보는 부모님 보고
왜 웃지 않을까 생각했는데
지금
내 모습이 그 짝

연습해 볼까나
웃겨서 웃는 것이 아니라
웃으니 웃기는 것이 되게

박장대소 가가대소 못 하는
선웃음, 겉웃음이면 어떠랴
웃다 보면
파안대소하는 날 오겠지

숨바꼭질

나무 뒤에 숨었니
나는 네 뒤에 숨었다

돌담 뒤에 숨었니
나는 또 네 뒤에 숨었다

생각해 보니
살아온 시간이 모두 숨바꼭질
어머니 뒤에 숨어 살다
아버지 뒤에 숨어 살고
지금은 그 울타리 되어
아이들 숨어 숨바꼭질한다

어디 어디 숨었니, 물으면
사회 뒤에 숨었다고 말하며
거친 하루를 살아간다

오늘은 누구 뒤에 숨어
온종일 숨바꼭질할까

꼭꼭 숨어야지
머리카락 보이면 술래 되니까

숨소리

무디어지고, 또 무디어지고
그리움 쌓이면 숨소리 들리고

어디에 있는지
당신 있는 거기도 태양이 뜨고
밤에는 달님이 찾아오는지

아침에 일어나 방문을 여니
남겨진 사진 하나
그렇게 남아 있을 거란 생각
한 번도 못 했는데
지금 기억 속에 남은 건 거친 숨소리

다시 한번 들으려 해도
귓전에만 맴도는 힘겨운 숨소리

그립다
바닷바람 거친 길 올라설 때
등에 업혀 들었던 숨소리
그때, 내 나이 일곱 살

그립다, 아버지 숨소리

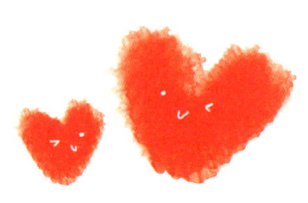

살아가는 날들에게

아옹다옹
내일은 누구랑 하루를 보낼까
이렇게 하루씩 까먹으면서
타인에게 돌리는 핑곗거리 찾으면
아니라고 말하면서

살아가는 시간은
누가 나에게 주는 선물도
신이 남는 시간을 주는 배려도 아니다
아침에 일어나 하루를 빼먹는 때
나의 욕심을 섞어 만들어 가는 삶
스스로 입는 옷이기에
겸손하여지기로 했다

매일 다른 옷을 입고
다른 생각을 하고
가끔은 그 틀에서 벗어나
다른 세계로 발걸음하면서
살아가는 날들에게 후회 남기면
치워 줄 사람 없어도
내일이 찾아올 거란 확신에
위안 삼는다

유월이 가는 길목

황금 보리 찰지게
익어 가는 내 고향 제주 들녘

눈 감아 생각 더듬으니
설익은 보리 구워
손으로 비비며
입술 까맣게 먹다 보면
뻐꾸기 한 입 달라 노래하고
저 멀리엔 김매느라 바쁘신 어머니

유월이 부르는 노래에
보리 잎 부대끼며 사랑 나눌 때
마을 어귀 조그만 찻집에는
연인들 짝하여 놀다 올레길 나서고
내리는 빗물에는 사랑 흘러라

유월이 가기 전에 그곳 찾아
마지막 남은 봄 향기 슬쩍 훔쳐
살포시 감추었다가
비행기 타고 하늘 오를 때
내 마음 가득 담아

여름 향기에 버무려
하늘 높이 뿌리고 싶어라

붉은 태양은
땀방울 되어 이마에 흐르고
유월이 가는 길목에는
황금 보리 향기가 하늘을 난다

눈에는 조그만 꼬마 아이
까만 입술이 보이고

세월에게

새가 하늘을 날고
구름도 하늘을 날고
민들레 홀씨도
아카시아 홀씨도 하늘을 날았다

어디로 가는지
새는 지쳐 가지에 앉았고
구름은 비 되어 내리며
홀씨는 날리다 땅에 묻혔다
그것들은
그렇게
날갯짓하다 자리를 찾았다

저 멀리서
날고 있는 소박한 내 꿈은
아무도 보지 못하게
투명 옷을 입었다

한잔하다가 속내를 말하면
망토는 검게 변하여

빛보다 빨리 떨어져 술안주 되고
다시 일어서려 힘쓰면
너는
어깨를 누르며 날지 못하게 한다

잔인하다
보이지 않는 것을 보여 줬는데
거기에 검정 물감을 쏟아부어
날개를 접게 했으니

세월 너는 참 잔인하다
.
.
.
돌이켜 보니
빨리 느끼게 해 줘서 고맙기는 하지만
그래도 날고 싶어
내 날개는 아직도 파르르 떤다
네가 볼까 봐 숨죽이면서

띠앗

한 배에 자리 잡아
열 달을 노닐다 태어나 보니
우린 형제가 되었구나

세월이 흘러
아들 둘 둔 아비 되어 보니
부모 마음 이제 느끼건만
생각에 다름 있을 때는
섭섭하기도 하더라

형제는 팔다리 같아
한번 끊어지면
다시 잇기 힘들다고 했는데
내 가슴 뭉그러질 때
형제도 그랬을 것을

띠앗이 무엇이던가
칠보 시 읊조려 보네

콩 껍질을 태워 콩을 삶으니
콩이 솥 안에서 눈물 흘리네
본래 한 뿌리에서 태어났건만
어찌 이리 급하게 삶아 대는가

가랑비와 마음

한 가지를 보고
매일 같은 생각을 할까
마음은 어제와 오늘
너무 다르게 맞이하게 했다

까치 우는 아침에는
좋은 일이 있었을까
가랑비 내리는 날은 우울했을까

기대하는 것이 있는 아침과
기대하는 것을 해야 하는 마음은
같은 것을 바라봐도 다른 것을 본다

어린아이 마음으로 돌아가
하얀 백지를 만들 수 있는지
고개 숙여 생각해 본다

가랑비가 내리는 아침도
사랑스러울 때가 있다

가끔은

잔디 꽃

겨우내 깊은 잠에 빠져
봄을 기다리던 시간
파란 잎 피워 초원에 피어나는
소박한 꿈 꾸는 너를
몇 사람이나 기다렸을까

봄나물 익어 가고
개나리 피어 봄 처녀 옷 갈아입고
숨죽여 피어오른 날
아이들 놀러 와 돗자리 펼 때도
너는 꽃 피우지 않았다

어린 날 봄 소풍 때 보았던
검게 피어나 보잘것없던 꽃
정원에 검게 피어나면 베어지고
뜰에 피면 아무도 돌보지 않아
서러운 꽃

무덤에 피어 이불 되고
사람들 방석이 되어 주는 너
무심코 밟고 지나쳐도
울지 못하는 슬픈 꽃

인생길

험한 길을 걸었다고 생각했는데
너도 걸었던 길이란 걸 느끼는 데는
오랜 시간이 걸렸다

사랑하면서 이해하고
미워하는 마음을 가질 때
더 아프다는 것을 알아 가면서
여기까지 오게 되었다

앞서 걷는 사람도
뒤에 따라오는 사람도
내가 걸어갈 길을 걷고 있을 텐데
너도, 같이
그 길을 걷고 있는 사람이었다

외줄타기하는 것은
광대가 하는 것인 줄 알았는데
지금 가는 길이 외나무다리라
내가 어릿광대가 된 것이다

매일 고개 넘으며
하루를 끝내고 잠이 들 때면
꿈속에서 아우성치다
아침이면 까맣게 잊어버리고
아무 일 없는 것처럼 출근하는
벌거숭이 나그네가 된 것이다

한 줄기 바람에 다른 기대를 하고
돌아갈 수도 없고
다시 할 수도 없는
안개 가득한 길을 걷고 있다면
그 길에 마중 나올 사람 없어도
외로워하지 않아야 한다

끝을 모르고
혼자 걷는 것이 인생길이지만
옆길에서 걷는 그대
나처럼 혼자여서
위안이 된다

하루라는 선물

친구야
사는 것이 힘드냐
사람들이 가슴 아프게 하냐
그래도
해는 어김없이 뜨고
저녁에는 노을 만들어
지친 하루를 마감하게 할 거다

틀에 맞춰 산다는 것을
힘들다고 말하지 말라
어제는 무엇을 했는지
힘들게 기억하려 하지 말고
무엇을 하든지
그게 좋아서 그리했을 테니까
지나간 하루는 잊어버려라

하늘은 말없이
오늘 아침에 선물을 보냈어
하루라는 선물
받았으면 행복하게 잘 써라
시간 나면 전화도 한번 하고

2부
선배에게

선배님 살아온 세월에
후회는 없었나요
나에게 말해 달라 조르면
어떤 말이 떠오르나요

세상살이

세상 살다 보면
등 돌리는 사람은 비수 꽂아
아프게 할 수 있습니다
미워하지 마세요
그 사람에게 남는 것은 후회입니다

돌아설 때는 아무 말 말고
그냥 떠나가세요
무서운 사람은
다시 보고 싶지 않은 얼굴이 아니라
침묵하는 얼굴입니다
지는 것이 이긴다는 말
속는 셈 치고 믿어 보세요
맞는 말일 때도 있습니다
마지막에 웃으면 됩니다

남아 있는 시간 동안
수없이 많은 승부에서
이기려고 발버둥 치지 마세요
기쁜 아침이면 오늘은 이긴 것이니까요

세상은 바둑판입니다
버린 돌에 미련을 두지 마세요
세상살이는 그렇게 하는 겁니다

사랑하기 좋은 날

여유가 없어 못 하는 것은
사랑이 아닙니다
핑계를 만드는 시간만 있어도
사랑은 싹틔울 수 있습니다

지금 곁에 있는 사람은
한마디 말이면 사랑인 줄 아는
세상에서
가장 바보 같은 사람입니다

전화 한 번이면 되고
손 한번 잡으면 되는 것
어려운 것은 사랑이 아닙니다

당신을 사랑하는 사람은
등대처럼
매일 기다리지 않고
떠난 사랑은 다시 오지 않습니다

지금, 사랑하세요
내일은
그 사람 없을지도 모릅니다

세월

흐르는 세월은
내 노력으로 막지 못하고
막으려 들면
흰머리 하나 더 늘어
비웃음만 더하였다

세월에게
내 삶의 끝은 어디쯤이고
어떤 모습이더냐 물었더니
그걸 어찌 알겠나
웃기만 하더라

바다로 흐르는 강물 위
작은 나뭇잎 타고 떠가는
살랑거림이 세월이었나 보다

부끄러움에
걸어온 길을 뒤돌아보니
졸고 있는 내가 거기 있더라

지나간 세월 위에
바보처럼 우두커니

선배에게

선배님
살아온 세월에 후회는 없었나요
나에게 말해 달라 조르면
어떤 말이 떠오르나요
세상 재미있다고 말한
미친 시인의 노래를 믿나요

아침은 당신 없이도 찾아옵디다
아무것도 변한 것 없는 세상이
어김없이 옵디다
살아 있다는 것이지요

선배님, 간밤은 잘 주무셨지요
구름은 비가 되어 내리지만
용오름 타고 다시 올라
장대비 되어 내릴 겁니다

밤에 피는 꽃은 꿈속에서 만나렵니다
밤새워 기다리는 몫은
당신에게 남겨 두려 합니다
무슨 꽃이었는지 내일 아침에 말해 주세요
당신은 나의 선배니까요

후배에게

언젠가
너는 나에게 물었지
세상을 어떻게 사는 것이
후회 없는 것이냐고
당황스러운 질문이었다

신중한 표정으로 묻는 너에게
무심코 답했어
너처럼 살면 잘 살아온 거라고

다음 날 전화가 왔지
선배의 위안이 무척 좋았다고

거짓말을 했어
준비된 말도
해 줄 말도 없어서
그렇게 대답했던 건데

다음에 물으면
그때는 대답을 준비해 둘게

미안하다

그리운 사람

너는
내가 그리운 사람이 되고
나는
네가 그리운 사람이 되자

그리운 사람은
꿈속에 찾아왔다
아침이면 보고 싶은 사람이 된다

나에게
그리움 담아 보내 주라
새처럼 날개를 펴
너에게로 날아갈게

그리운 사람은
그리워할 이유가 없어
더 그리운 거야

세상 사는 맛

세상 사는 맛이
어디
한두 가지 있겠나

그중,
한 가지 고르라 하면
일상을 잊어버리고 떠나는
여행의 맛
그게 최고지

거기엔 친구가 있고
설렘이 있어
같이하는 시간이라
기쁨이 두 배 되니
이 맛보다 더한 것이
어디 있겠나

떠나 보세
최고의 맛 찾으러
자네가 일정을 잡게
무조건 같이 가겠네

회상

시간 흐르니
무심코 지나친 젊은 날이
새록새록 떠오르고
무뎌진 시간은 무릎을 파고들어
걸음이 점점 힘들어

청춘의 봄날에는
꿈이란 것을 먹으며
두려움 앞에 있어도 무섭지 않고
하나를 잃어도
아무 일 없던 것처럼 지나쳤는데
철없었던 거야

젊은 날에 숨겨 둔 보석을
살며시 꺼내 보니
조약돌이 되었어

훗날,
이 글을 읽을 때면
어떤 것을 떠올려
지나간 시간에 미안해할까

야속하다, 흐르는 세월이

침묵하는 너에게

어울려 사는 세상
입이 있어도 말을 안 하고
할 말이 떠오르지 않아
입을 다문다

뜻이 있어
하고 싶어도
말하지 않으면 생각일 뿐
침묵은 안개처럼 사라지는
작은 시위가 된다

너의 막다른 기억을
떠벌리는 것이 두려워
목소리 죽여 혼자 속삭이지 마
아침에 일어나
하루를 시작해야 한다는 것은
같은 하늘 아래에 있다는 것이니까

침묵으로
너를 숨기는 것은 죄악

세상은
떠드는 사람이 지배하는
무서운 싸움판이야

브루투스는
시저를 죽이고 연설했어
그래서 살 수 있었던 거야
웅변은 다이아몬드
말 못하는 사람이
침묵을 금이라고 떠들어

세상을 보며
너의 생각을 말해
목소리 작아도 좋아
진실하면 박수받는 곳이
우리가 사는 세상이야

이기적인 사랑

사랑받으며 살았냐고 물으면
바로 답하겠지만
어떻게 사랑했냐고 물으면
대답하기 어렵습니다

흔한 말이지만
자신을 위하는 사람이
남을 사랑할 수 있다는 것에
쉽게 공감하면서도
그렇게 하지 못하는 것은
옹졸함이었을지 모릅니다

그대는 그대를 먼저 사랑하고
나도 그렇게 사랑하다가
두 손 잡을 때는 가슴 내주는
비겁한 사랑을 하면 좋겠습니다

변명으로 들리겠지만
내가 그럴 때 이해해 주세요
그대를 사랑하기 위해
이기적인 사랑을 할 테니까요

나의 노래

어린 시절 생각하면
떠오르는 노래

나뭇잎 배

밖으로 나가
친구들이랑 대나무 잎사귀 접어
흐르는 빗물 위에 띄워 보냈던
나뭇잎 배

그 작은 나뭇잎 배가
라이너스가 부른 연이 되고
칸초네 라 노비아가 되었다

토니 달라라의 노래가
문득
귓전을 맴돌아 읊조려 본다

비안케 스비얀뎬데 바 라 노비아

내 애창곡이야

반성

지구가 몸살을 앓아
변덕스러운 날씨로 죗값 묻는데
답하지 않는 배짱은
어디서 배운 것인지

만물의 영장이라 떠드는데
그것이 문제야
지구를 삶아 먹고 있다는 것을
알고 있으면서도
모르는 척
나도 한몫했으니
뒤가 구려

말 못 하는 지구라는 놈
참을성이 한계가 왔나 봐
갈수록 변덕이 심해져

에어컨 없으면 참기 힘드니
무슨 말을 하겠어
반성하며 켤 수밖에

미안합니다

미쳐 가는 세상

어느 가수가 불렀던
유행가 가사에
다들 미쳐 가고만 있다는 말이
내 가슴을 친다

매스컴이 거들고
사람들이 거기에 빠져들고
편 가르기가 시작되면서
미쳐 가고 있다

내가 사는 세상은
미치지 못한 사람이
미친놈이 되어 버린다고 말하면
당신은 나보고
미친놈이라고 할 것인가

그러지 맙시다
이미,
내 눈에는 당신도 그리 보이니
그래도, 희망은 있다고 합시다
미쳐 가는 세상을 향해

좋은 인연

사람은
한 가지씩 좋은 것을 가졌다가
기댈 어깨가 필요하면
말없이 내어주며 살지

너에게 없는 것은
내가 있어 좋고
나에게 없는 것은
네가 가지고 있어 좋다

가끔, 어눌한 말이 나와도
이제, 그럴 나이가 되었다며
서로 위로해 주며 살고 있지

우리가 가진 것은
돈도 명예도 아니라는 것을
시간이 흐르면서 알게 되었어

아무 말을 해도 탓하지 않고
있는 그대로를 받아 주며
지팡이가 돼 주었지
서로, 좋은 인연이라서

하고 싶은 말

지루하다는 생각
혼자 있다는 생각
사회가 어지럽다는 생각

열심히 사는 사람도
게으른 사람도
아파 누운 사람도

그래,

꿈꾸었고
그 꿈을 이룬 사람도
한평생 열심히 살지는 못해

힘들면 쉬어 가고
좌절했으면 돌아가고
그러면서 살아도 돼

사람들은 다들 그래

우린 멋진 사람이야
비우면서 살자
행복이 거기서 꽃피울 수 있게

휴식

휴식이 필요했나 보다

어제 했던 생각이
아침에는 다른 모습을 해
갈피를 잡지 못한다
그게, 내 마음이다

스스로
배신을 몇 번 하면
믿음은 너덜너덜 휴지 조각 되어
상처 입은 패잔병 모습

너를 만나러 떠났다
지친 것들을 팽개치기 위해
산을 찾아 계곡에 몸 담그고
바다에서 찌든 가슴을 비우려 했다

친구, 같이해 줘 고맙다
눈에 비친 저녁노을이 너무 예뻤고
그건, 너의 선물이었어

같이한 시간이 휴식이었다

귀향

이것저것
하고 싶은 것 모두 해 봤으면
고향으로 돌아가시게

이것저것
하고 싶은 것 못 했더라도
이제, 고향으로 돌아가시게

아직 때가 아니라면
지금부터
버려야 할 것 챙겨야 할 것
꼼꼼히 살펴보시게
그리 많지 않을 것이니

세상살이
거기서 거기란 걸 알았으니
그보다 더 큰 것이 어디 있겠나

귀향은
어머니 젖가슴 파고드는
아이처럼 하는 것이니

편하게 찾아가시게

머무른 자리가 좋으면
가지 않아도 돼
그곳에 뿌리내려도
나쁘지 않을 것이네
아이들 찾아오면
거기도 고향일 테니까

나는 돌아갈 것이네
푸른 바다와 맑은 하늘 보이는
남쪽 나라 화산섬으로

그날이 되면 편지를 쓰겠네
내 집에 한번 놀러 오시게

그대 그리운 날에

아버지
저녁에 고추잠자리 날아
높은 하늘을 봅니다

저녁노을 빨갛게 물들일 때
당신은 그리운 사람 되어
내 가슴으로 찾아들었습니다
보고 싶은 마음이 불렀겠지요

당신이 떠나고 나니
후회스러워
사무침이 더 커지나 봅니다
그곳에서도
해와 달이 뜨는지 묻고 싶은데
부칠 곳이 없어 편지를 못 씁니다

그리울 때면 하늘을 봅니다
당신도 보고 있을지 모르니까요
조각구름 걸리면
내게 주신 선물이라 생각하며
당신 얼굴을 떠올릴 겁니다

가을 오는 소리

아침에는 제법 소슬한 바람
가을 오는 소리인가

오늘 밤 창문 활짝 열고
간들바람 노래 듣다 잠들면
어머니 자장가로 다가오겠다

해마다 찾아왔다가
낙엽 익는 소리에 놀라
바스락거리며 떠나가는 너
밤송이 떨어지면 떠나가겠지

갈바람은
남정네 가슴에서 분다던데
나도 빠져 볼까나
고향 막내동서가 보낸
한치 안주 삼아 한잔하면
가을 오는 소리 들린다

스르륵 스르륵

내 청춘 같은 솔아

너를 노래한 수많은 사람은
늘 푸르다고 말한다

정작 너는
노랗게 변해 떨어져 흘린 눈물
송진 만들어 살갗에 바르는데

노란 솔아, 울지 마
너의 흔적 거둬
블루베리 거름으로 쓴다고
야속하다 생각지 마
불쏘시개 된다고 서러워 말고

푸른 솔아
노란 꽃가루 날려
사람들 아우성 들어도
미워하지 마
산에 올라 그늘 찾을 때
고맙다고 말하거든
그것으로 위안 삼으렴

베어지고
폭풍우에 꺾이어 낙엽 되는 날
큰 소리로 외치어라
노란 솔잎도 푸른 솔이었다고

돌아보면
내 청춘도 너와 같이한 순간
매일 맞이했던 싱그러운 아침이
내 젊음을 삼키었구나

거울에 비친 내 모습이
너랑 닮아서 외롭다

아침 편지

하늘을 봤니
오늘 아침 하늘은 가을이야
바람이
이제 가을이라고 말하더라

지난밤에는
갈바람 불어 단잠을 잤어
네가 있는 그곳에도
나에게 왔던 바람 갔었니
아직 안 갔으면
오늘 밤에 틀림없이 갈 거야

난,
아침에 이런 생각을 했어
하늘에 먹구름 끼어도
맑은 하늘에 조각구름 걸려도
내 마음에 걸린 하늘은
항상 예쁘다는 생각

생각이 깊어지면
맑은 하늘도 슬프고
걱정 없는 날에는
먹구름 낀 하늘도 좋았어

앞으로
날씨를 물으면
네 마음을 말해 줄래
나에게 물으면
나도 내 마음을 말해 줄게

알고 있지
하늘은 항상 맑아
구름이 가려 못 볼 뿐이잖아

오늘 아침 하늘은 맑아
넌, 어떠니

너에게 듣고 싶어
여긴 갈바람 불어도 맑아

이랬으면 좋겠다

아름다운 날이 온다면
이 가을날에 찾아오면 좋겠다
햇살 비추는 아침이
소곤거리며 다가와
하늘에 예쁜 무지개 만들면 더 좋겠다

가을에 비 내려
잎사귀에 대롱대롱 매달려
알록달록 단풍 만들어 갈 때
산에 올라 메아리 보내고
하산할 때 막걸리 한잔하자

나뭇잎 떨어지는 날이면
너랑 나랑 오솔길 따라 걷다가
행복한 사랑 만들어
다람쥐 인사하면 손 흔들어 주고
밤 알갱이 하나 주워 먹고
익어 가는 가을을 같이해 보자

낙엽 지는 가을에는
사랑 듬뿍 담아
세상 사람 모두 나눠 주면 좋겠다

3부
내 친구는

내 친구는
욕심이 없어
바보처럼 살았다고 하는데
그걸 부러워하는 나는
욕심쟁이

모닥불

우리가 만든
사랑 넘쳐흐르는
작은 영혼 같은 불

어깨동무하고 앉아
도란도란 얘기 나눌 때면
벌레들 춤사위에 손뼉 치며
사랑 노래 부르게 했던
작은 불꽃

백사장 모래 위에 피워
수줍음 가득 채우면
가슴 시리게 눈에 들어와
내 마음 뛰게 했던 아름다운 불꽃

발가락 사이 모래알 담아
밤하늘에 빛나는 별들과 마주하면
바다가 부르는 노래는 시가 되고
사락사락 모래알 털어 낼 때
서서히 꺼져 가는 아쉬운 불꽃

아침이 오면
피웠던 모래 위 남은 흔적은
몽당연필 가지런히 쌓은 것처럼
추억으로 탈바꿈했지

인생은 어디에서 오고
어디까지 가는지
간밤에 나누었던 대화의 끝자락은
수평선 너머로 숨고
우린 덩그러니 앉아 바다를 봤다

그때, 내 나이 스물한 살쯤

세상을 사는 법

산 정상에 오르면
사람들 아옹다옹 사는 소리
귀 간지럽게 들린다

산에서 내려오면
다시,
그 굴레에 빠져
욕심이 손을 놔주지 않아
가끔 산에 오르는지 모르겠다

미워하고
사랑하며
사람들은 그렇게 살아간다
누가 누구를 욕할 수 있으랴
평범한 삶도 어렵다

비겁하게 살지 않으면
부끄러운 삶이 아니다
시간 지나
고개 숙여 흘리는 눈물 받아 줄 이
한 사람쯤은 있을 테니까

푸른 가을 하늘
떠도는 구름을 보라
바람 불어 모습을 바꾸며 흐른다

사회는 바람
우린 구름
인생은 그런 것이다

세상사는 법에 정답은 없다
고독해하지 마라
같은 모습으로 사는 인생은 없다

우리가 다른 것처럼

변덕에 변명

날씨 변덕이
갈수록 심해지는 것이
말 바꾸는 사람들 많아 그런가

그래서 그런지
본인이 뱉은 말도 아니다 우기며
변덕에 변명하는 것 보니
그놈의 온난화는 실컷 두들겨 맞아
얼굴이 밤퉁이 되겠다

변덕 부리지 않고
변명도 안 하며 살 수는 없지만
여러 번 하면 습관 되어
양치기 소년 된다

그만들 해라
계속 듣다 보면
네 말이 진짜로 들릴까 봐
뉴스 보는 게 겁난다

입은 하나 귀는 두 개
왜 그런지 알지

그리운 사람 1

우린 사라져 갑니다
달리는 시간 속에 숨어서

작은 내 가슴에
당신을 채우며 살았습니다

산들바람 불어
가을이 가까이 온 줄 알았는데
텅 비어 버린 머릿속에
당신이 찾아왔었습니다

그날은 보내려 했던 것도 아니고
잊으려 하지도 않았지만
헤어질 시간이 되었던 것
우린 이별을 했습니다

비 내리면 청개구리 통곡 소리
남쪽 나라에서 들려오겠지요

당신이 덧칠하며 키웠던 사랑
이제, 내가 키우며 살아갑니다

벼락 치는 날

천둥 치면
벼락 무서워 우산도 쓰지 않는데
바보는
고목 밑으로 비를 피하지

죄 많은 사람은
겁먹어 집에 콕 박혀 있고
자네는 걱정하지 마시게
법 없이도 살 사람이니
내 생각일 뿐
너무 믿지는 마시게
하느님도 실수한다니까

벼락 치는 날에는
빈대떡에 막걸리 한잔
그게 딱일세

벗이 필요하면 나를 부르게
무서워도 한달음에 가겠네
행여나 내가 벼락 맞으면
하느님 실수라 생각하시게

귀뚜라미

가을 들어 처음으로 듣는
귀뚜라미 소리
청아하게 들리는
절간 풍경소리 마냥
모든 것을 잠시 내려놓게 만드는
동심을 부르는 소리

귀뚜라미 울어 대는 밤
어머니 팔베개하고
밤하늘에 별을 세다 잠들면
나를 옮기는 어머니 발걸음
어렴풋이 스친다

옛이야기
도란도란 말하시던 어머니는
내 눈에 남아 있는데
그 추억은 꿈에 보이지 않아
너의 울음이 나를 찾았구나

귀뚜라미야
오늘 밤엔 찾아와 주렴
어머니 팔베개하고 잠들어 보게

전화

초저녁에
반가운 전화가 왔다

잘 지내시죠, 박 반장입니다
반장들이랑 저녁을 먹다가
팀장님 생각나서 전화드립니다

고마움이 밀려온다
잊지 않고 소식을 전해 주는
그 마음이 정말 고마워
이슬이 살짝 맺혔다

일 년에 한 번
송년회를 할 때는 모두 모여
같이했던 추억들을 풀어놓으며
시간 가는 줄 몰랐었는데

돌림병 생겨
이번엔 만나지 못해
아쉬움을 잔뜩 남게 하는 목소리

얼굴 보러 마실 가야 하겠다
박 반장 보러

내 친구는

내 친구는
욕심이 없어
바보처럼 살았다고 하는데
그걸 부러워하는 나는
욕심쟁이다

모든 날이
꽃길은 아니겠지만
그렇게 살아온 내 친구는
미련한 인생을 살았다 하는데
그게 부러운 나는
너무 욕심쟁이다

친구는 서로 닮았다는데
내 친구도
바보처럼 미련하게 살아온 나를
부러워할까

그래,
아마도 그럴 거야
내 친구니까

8월의 마지막 날

더웠던 날들

열차에 올라
미안했다며 손 흔들며 떠나는
8월의 마지막 날

속 시원하게
너를 보내는 사람들은
흐르는 땀방울에 빨리 떠나라 했다
나도 그랬고
그 뜨거웠던 날이 있어
살아가는 사람도 있었다는데
왜 그리 미워했는지

너를 떠나보내고
새롭게 맞이하는 가을에게는
예쁜 너의 참모습을 말해 줄게

익어 가는 것들은
9월에게 주는 선물이고
가슴에서 곱게 키워
노랗고 빨갛게 익어 가는 단풍은
10월에게 주는 사랑이었다고

청춘

젊은 날은
몇 살까지를 말하는 걸까요

이제는 정리할 시간이라
쉽게 생각하지 마세요
가슴에 새긴 것들이 아직 남아 있다면
포기하기에는 너무 빠릅니다

청춘은
수많은 경험을 쌓아
힘든 일 있어도 이겨 내는
지혜를 선물했습니다

결심했다면 지금 하세요
지나고 나면
오늘이 그리워 후회할 테니까요

청춘은 피어나는 무지개처럼
추억에서 싹 피우는 고운 꿈

시작하는 희망이 있다면 청춘입니다
청춘은 시간표가 없습니다

어머님께 쓰는 편지

또, 1년이 흘러
오늘 당신의 기일입니다

해마다 이맘때면
가족들 모여 당신을 기리는 날
이번에는 아버지가 자리에 없습니다
올해 당신 곁으로 가셨으니까요

어머니
더 늙어 버린 아버지 모습에
누군지 몰라 깜짝 놀라셨지요

아버지는
가실 날을 아셨는지
퇴원한다고 고집을 피우셔서
제집에 모셨는데
저녁에 호박죽 한 그릇 비우시고
아침에 먼 길 떠나셨습니다

출근하는 저에게
저녁에는 걷는 모습 보여 줄 테니

고향으로 보내 달라고 하신 것이
마지막 말씀이었습니다

자식들 모두 마다하고
둘째 며느리만
떠나는 모습을 보았습니다

어머니
그곳에서 아버지 만나셨으니
자식들 살아가는 이야기
마음껏 들으셨겠군요
두 손 꼭 잡고
이승에서 못다 했던 수많은 것들
밤새우며 실컷 하세요

어머니
저녁에 아버지 모시고 같이 오세요

그대가 걸었던 길

당신이 떠나는 날에는
비가 내리길 바랐는데
햇살이 따사롭게 비추었어요
흘릴 눈물 대신
빗물이 하길 바랐으니까요

3일 밤을 지새웠던 그날은
먹먹함이라 말하면
당신은 이해할 겁니다
당신도 그랬으니까요

눈물이 아니라
피눈물 흘려도 의미 없다는 것을
늦게야 알았습니다
내리사랑만 당신처럼 해서 죄송합니다
꾸중하지 마세요
당신도 그렇게 살았잖아요

나도 길을 따라갑니다

깊어 가는 가을 아침

향기 동쪽에서 불면
파란 잎 익어 가는 소리
봄바람 따라 피어난 작은 잎새

붉은 태양 머금었던 아침이슬
잎새 위로 떨어지는 날
불쑥 고개 내밀어 놀랐다

가을바람 불면
드리웠던 사랑의 그림자
잎새에 매달려 울고
당신이 그 앞에 있었는지
촉촉이 내리는 가을비에는
진한 한숨이 감돈다

내 가슴을 내주었을 때
심어 둔 기억들이
차곡차곡 쌓이는 아침
가을바람이 부는 곳을 바라보니
당신이 손을 흔든다
그리운 사람이 아침을 여는 것을 보니
가을이 깊어 가는가 봅니다

야생화

가꾸는 사람 없어
홀로 피기 위해
달밤에는 산짐승 소리에 떨고
폭풍우 치는 날에는
뿌리 내리는 몸부림을
처절하게 했겠다

씨앗이 꽃이 되기까지
태양이 내리쬐는 날에도
가려진 나뭇가지 사이로
언뜻 비치는 햇살 먹으며
살랑이는 바람에 거친 호흡을 했겠지

너의 외침이 들린다

사람들아
예쁘다 소리 하며
나를 뽑아 정원으로 옮기지 마세요
야생화는 산에 있을 때
예쁘다

소주 한 병

한 잔에 잡생각을 버리고
두 잔에 나쁜 기억을 던진 후
석 잔 마시고 아이들 생각을 했다

넉 잔에 친구가 떠오르고
다섯 잔 마시니 부모님 생각나
여섯 잔에 한숨을 쉬었다

일곱 잔은 옛 추억이 스치고
여덟 잔 들이켜니 인생이 궁금했고
아홉 잔을 마셨을 때 술병이 비었다

요즘은 한 병이면 족하다
쓴 소주를 왜 마시는 건지

옷 사는 것은 아까워도
술값은 아깝지 않은 것을 보니
나는 애주가구나

쉽게 하는 말

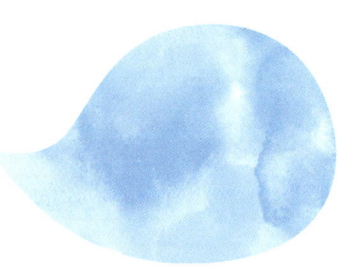

걱정하지 마! 좋아질 거야
살다 보면 이런 일 저런 일
누구나 힘든 일이 있어

몸과 마음이 힘든 너에게
큰 힘이 된다면 몇백 번을 못 하랴

어찌하랴
그래도 할 수 있는 말이
금방 좋아질 거야
건강한 모습으로 보자
이 한마디 더할 뿐

쉽게 하는 말이라도
해 줄 수 있는 사람이 있어
고맙게 생각하면 좋겠다

그러면
내가 더 고마울 테니까
쉽게 했던 말이지만 진심이다

벽

살아가는 동안
무수히 만났던 사람들

기억이 되어 버린 사람은
내가 알았던 사람으로 남았고
지금 만나는 사람은
과거에 몰랐던 사람도 있다

과거와 현재
그리고 내일 사이
보이지 않는 벽을 느끼며
주고받았던 상처 사이에도
작은 벽이 있었는지 모를 일이다
돌아보니
가슴에서 지워진 사람이
한둘이 아니다

그 사람도 가끔
나를 기억하며 살고 있을까

오늘 또 나는
망각의 벽을 만들 것이다
새로운 체취를 거기에 채우고
하루를 쌓아 간다고 생각하면서
무지하다는 것을 모르는 채
나만의 벽을 만들 것이다

벽이 높아만 간다
가을 하늘보다 더

태풍이 몰아쳐 무너져도
또 쌓으면서 살아갈 것이다
당신에게 들키는 것이 싫어서

잊어버린 것이 미안해서

사람 꽃 2

우린
어머니 품속에서 열 달 자라
곱게 핀 꽃이다

예쁜 장미로 태어나
오월의 여왕으로 우쭐거려도
베어져 꽃다발이 될 때는
슬퍼 울었을 거다

모란으로 피어
꽃들의 왕이라 뽐내지만
벌 나비 앉지 않아 서글피 울고

들국화는
비바람 불어도 모질게 견뎌
지나는 사람 발길 잡더라

햇살 받으며 태어나
나만의 향기 피우는
세상 단 하나밖에 없는
한 번 피었다 지는 사랑스러운 꽃

우린 사람 꽃으로 피었다

마음

불꽃 닮은 사랑
생각해 보면
허접한 장식 같은 미움

어제는 사랑이 파도치고
오늘은 미움으로 변해 애닯다

미워하는 마음에
사랑이 피어날 때는 기쁘고
사랑하는 가슴에
미움이 피어날 때는 아프다

미워하며 살고
사랑하며 사는 것이 세상인지

사랑하는 만큼
미워할 준비를 하고
미워했던 만큼
사랑할 준비를 한다

생각

흐르는 물을 바라본다

떠가는 잎사귀에 앉은 청개구리
배고파 파리 한 마리 먹고
멀리 갔다가 집 찾아올 때
어찌 오려나

독사가 숨어 혀를 날름거리면
어찌할까나
논두렁 달팽이 기다리는데

저녁에 찾아가니
청개구리 한 마리
괜한 걱정을 하였나 보다
놀리는 듯
개울에 뛰어들어 헤엄친다

하늘 돌던 잠자리는 어디 갔을까
코스모스에도 앉지 않았다

붉은 노을 먹어 치운 구름이
산등성이 너머 꼬리 감출 때
가을 하늘이 익어 간다

안부

누군가
소식을 전하는 것은
그리워서 그런 것이 아닙니다
외로워서
무심코 하는 것입니다

며칠 지나
전화를 한 것은
당신도 전화하라는 것입니다

생각은 하는데
어쩌다 보니 소식을 주지 못했다고
구차한 변명은 하지 마세요
그 사람도
바삐 사는 사람입니다

먼저 소식 전하는 것은
당신 보다 더 보고 싶어
시간 내서 하는 것입니다

안부를 묻는다는 것은
보고 싶다는 뜻입니다

오름

오늘도 한라산 구석구석
오름 찾아 길 떠나는 이 있으리

앞서는 이
가는 걸음 재촉하여도
가다가 힘들면 쉬었다 가고

그 옛날
몹쓸 놈이 뚫은 동굴 숨소리
산새 울음 되어 귓전에 돌고
내딛는 발걸음에 눈물 쌓여라

산이 되지 못해 오름이더냐
화산재 내뿜다 지쳐 오름이더냐
오늘도 오르는 이
지친 걸음 새워 땀 훔칠 때
동박새 우는 소리 귓전에 돌면
해녀들 숨비 소리 화답하고
내 친구 블로그에 사연 담겠지

옹녀 폭포
선녀 폭포
변강쇠 폭포
올라가서 보았던 이름 모를 꽃

서쪽 오름
동쪽 오름
벗하자 부르면
내 친구 이번 주말에도 바쁘겠구나

내 고향의 산

넓은 뜰에는 철쭉이 장관 이루고
갈대가 만발한 곳

길목에는 나무와 꽃이 어우러지고
그늘 드리운 곳에는 파란 이끼 가득 피어
사람들 쉬어 가라 반겨 주는
계곡이 아름다운 곳

흐르는 냇물 사이
소금쟁이 숨었다가 헤엄치며
겨울에는 노루 떼 몰려드는 곳

선녀가 목욕했던 맑은 물에
내 그림자 비추면 나무꾼 되고
가을이면 알록달록 단풍 녹아들어
동화 속 주인공이 되는
아름다운 산

춘삼월이면
유채꽃 향기가 가득하고
만덕할망 살았던 동네에
그 산이 있다

9월의 끝자락

9월의 끝자락에서
부는 바람에 코스모스 향기 담아
너에게 보낼 준비를 한다

찬란한 별들의 향연
넋 놓고 바라볼 때면
그리운 얼굴 하나 거기에 피고
가슴에 별똥별이 떨어진다

가을비 내리던 날
써 내려간 나의 낙서가
하나둘 퇴색되어 낙엽 되면
9월은 기적 울리며
들어오는 시월의 기차를 마중하고
기억 저편으로 떠나갈 채비를 한다

너와 나에게
다시 오지 않을 9월이
마지막 날갯짓 한다

아쉬움에 편지를 쓴다
9월에는 나보다 행복했기를 바라며
끝자락에 서 있는 너에게

친구에게 1

우린,
오래전에 만난 것이 아니라
같은 추억이 있어 친구야

어릴 때 만나면
죽마고우라고 하는데
좋은 말이다
순수함이 넘치는 만남이니까

세상을 배우면서
젊음을 같이한 것이 친구라 하면
너는 손뼉 치며
그래
맞아
그렇게 답하겠지

나는
그 말에 기꺼이 고개 끄덕여
술 한 잔 따라 줄 거야
너는
그 술이 맹물이라도

최고의 술이라 생각하며 받겠지

아픈 것이 사랑이라면
살아갈수록 시린 것이 우정이야

정해진 목적지 없이
손잡고 걷는 사이가 친구지
난,
그렇게 생각해

친구야
아프지 마
오늘 하루가
너에게 보약이면 좋겠어

어려운 사랑

사랑하는 사람에게
미소를 보내는 이유도
화를 내는 이유도
미안하기 때문입니다

사랑하는 사이에는
아파할 준비를 해야 합니다
사랑은 날마다 다른 모습을 하고
아침에 찾아오기 때문입니다

쉽게 받은 사랑은 있어도
쉬운 사랑은 없습니다

사랑은 이기적입니다
준 것에 몇 배를 받았을 때
고맙다고 생각하기 때문입니다

나에게 사랑을 줄 때는
가볍게 시작하지 마세요
나도 그렇게 하지 않겠습니다

시월에는
어렵더라도
사랑을 시작하세요
붉게 물드는 단풍에 빠져
예쁜 사랑이 오기 때문입니다

사랑하지 않는 후회보다
후회하는 사랑이 아름답습니다

어려운 사랑은
값진 보석보다 더 빛납니다

생각해 보면

지난 것들은
사실,
아무것도 아니었는데
그때는 왜 그렇게 아쉬워하고
고민했는지

생각했던 것이
하지 않아도 될 것들인데
버리지 못하고 살고 있다

생각해 보면
커다란 욕심도 아니고
누구를 위해 그런 것도 아니다

그냥
그런
습관에 길든 것이다

나도 몰래
사회가 기르는
애완동물이 되어 버린 것이다

잡초

돌 틈 사이
피어난 잡초
거름 주지 않아도 핀다

베이고 꺾이어도
다시 피어나
세상을 이겨 낸 수많은 것들

잡초 같은 인생이라
쉽게 말하지 마라

그렇게 살았다면
괜찮은 삶이다

4부
당신의 의자

우리 마음에는 예쁜 의자가 있다

사람들은
그걸, 사랑이라 말한다

좋은 사람

그 사람은 편안함을 주고
언제나 맑은 미소로 나에게 말합니다

내가 화를 내려 해도
그 사람을 보면
인상을 찌푸리지 못하게 하는
이상한 매력이 있습니다

나도 그렇게
그 사람처럼 가슴이 넓어
사람들이 들어와
뛰어놀았으면 좋겠습니다

참 어렵다는 생각
그렇게 못 한다는 생각
그게, 내 마음인 것 같습니다

그 사람이 누군지
말하지 않겠습니다
당신이 아니라면 서운해할까 봐
그렇습니다

찐한 향기가 없어도
그 사람이 좋습니다

나쁜 사람

가슴에 남아 있는 사람들
딱히, 나쁜 사람을 말하라 하면
몇 사람 있겠다

나에게만
나쁜 사람으로 남아 있겠지

누군가에게는
좋은 아빠
착한 남편
살가운 친구로 있을 테니까

나도,
어떤 사람에게는
나쁜 사람으로 남아 있을 것이고

모든 사람에게
좋은 사람이 못 되는 내 삶이라면
가슴 한쪽이 아려도
그렇게 하기로 했다

오늘,
누구에게 나쁜 사람이 되어
가슴 아프게 할지 모를 일
그렇게 안 하도록 노력하겠지만
그건,
상대방이 생각하는 것이니
알 수 없는 것

단지, 너에게는 항상
나쁜 사람이 아니었으면 좋겠다

보통 사람

오막살이라도
집이 있고
아이들 키우며 살고
부모 걱정도 하며
출근할 때 어깨가 무거운 사람

돈도 많고
대궐 같은 집도 여러 채
명품으로 치장하는 사람을
부러워하며 살아가는 사람

은행에 빚도 좀 있고
맛있는 것 먹고 싶어도
눈으로 요기하고
남들 떠나는 해외여행 부러워하며
살아가는 사람
국내 여행 한두 번 다녀온 사람

돈 쓰는 데 주저하지 않고
자동차 기름 넣는 데 걱정하지 않으며
세금 고지서 날아와도 웃는 사람
그 사람을 부러워하는 사람

돈 한 푼에 벌벌 떨어도
누구에게 피해 주지 않고
떳떳하게 살아가는 사람

이런 사람이 보통 사람

아무리 비싼 차도
바퀴가 없으면 굴러가지 않고
맛있는 고등어 반찬도
어부가 없으면 못 먹고
기름진 쌀밥도
농부가 없으면 못 먹는다

힘내자! 보통 사람들아!
부자들 돈 자랑에 속이 쓰리고
하고 싶은 것 못 하며 살아도
절대 기죽지 말고 살아 보자!

세상은
보통 사람이 있어야 돌아간다
하루 세 끼 먹는 것은 똑같다
부러우면 한 끼 더 먹어라

날궂이

며칠 전
아는 분이 비도 오는데
날궂이 어떠냐고 묻기에
헛웃음 한번

비가 부슬부슬
가을비 내리는 날 날궂이
빈대떡에 막걸리 한잔
세상 사는 이야기도 하고
생각만 해도 군침이 솔솔

시내로 나가면
무수히 많은 먹거리 골목
이젠 밖에서 날궂이 하지
그게 무슨 상관
맘 통하는 이 있어
아무 안주에 막걸리 걸치면
그게 무릉도원

비가 오는 날
멋들어지게 날궂이 한번 오붓이
당신이면 더 좋고

오징어 게임

사람들 입방아에
드라마를 보았지 오징어 게임

잔인한데 잔인하지 않고
잔인하지 않은데
마음 한구석을 들켜 버린 것 같아
더 잔인하게 남겨지는 여운

내면에 감추어진 선과 악
살면서 경험했던 갈등과 선택
거기에 숨겨 놓았던 비밀이
하나둘 모습을 갖추며 살아날 때
사람들은 그렇게 살았고
나 역시 그렇게 했다는 것을
부끄럽게 털어놓으며 인정해야만 했다

오늘도
나는 오징어 게임을 하겠지
아니다, 죽는 날까지
그 게임을 하면서 살겠지

나 혼자만의 게임

당신의 의자

쉬어 가라
공원에는 의자가 있다

꺼내려면 두려워서
소심하게 접어 둔 의자
지금 펼치면 무지개 뜬 하늘이 되고
벌 나비 날아들겠지

많은 사람이 앉아도 더럽혀지지 않고
믿음으로 만들어져
멍들지도
부서지지도 않는 것
우리 마음에는 예쁜 의자가 있다

사람들은
그걸, 사랑이라 말한다

펼치지 못해 망설이고 있는
세상에서 가장 고운 의자

당신의 의자도 예쁘다

거울을 보며

너에게
하고 싶은 말이 있어
부끄러운 것이라
너만 알고 아무에게도 말하지 마

그게 뭔지
내 눈을 보면 알 거야
마음을 표현하는 것이 눈빛이니까

지금까지 알고 있던
나에 대한 고정관념은 벗었으면 해
왜냐하면
사람들은 살면서 변하는 것이거든

지금은 아무 말도 하지 마
다음에 만났을 때
내 귓가에 대고 나지막이 말해 줘

그 말에
내가 웃을 수 있었으면 좋겠어
웃지 못해 돌아설 때는

내가 먼저 할게
너의 뒷모습을 보는 것이
나에게는 고통이니까

너를 보며 말할 거야
얼굴에 지나온 세월을 새기지 마
고운 얼굴이 좋았어
사람들은 너의 마음을 알지 못해
알아주지 않는다고 화내지 마

다들 그렇게 살아가는 거야
그것이 인생이고 삶이야

아침에 거울을 보면
나에게 말했던 혼잣말

그리움

열차 타고 떠나는 사람들
그곳으로 가는 이유는
그곳에 그리움이 있기 때문이다

내가 그곳으로 가려면
비행기를 타야 한다
바다 건너 있어서

푸른 물결이 아름답고
밤이 되면 예쁜 별들이 노니는 곳
그리운 사람들이 있어
언제나 따뜻함이 묻혀 있는 곳

보고 싶은 사람이 생각나면
훌쩍 비행기 타고 떠나가련다

거기,
내 그리움이 있어서

친구에게 2

친구,
자네 얼굴을 보니
세월이 우리 청춘을 가져갔더라

한마디 던지는 말에는
살아온 흔적이 느껴지고

이제
삶의 터전에서 은퇴해야 하고
남은 생을 어찌할지 고민하는
나이가 다가오는구나

세월은
우리가 무엇을 해도
지금까지 하였던 것처럼
시간을 덧없이 가져가고
어느 날
이 세상을 떠나자 할 테지

친구
지금부터는
어떤 것으로 하루를 채우고
누구랑 어울려 놀아야 할지
머리 복잡하게 생각하지 말자
하고 싶은 것 있으면
망설이지 말고 하자

열심히 살아온 것보다
더 열심히 놀면서
오늘 하루가
우리 모두에게 축복이면 좋겠다

창밖에 가을비가 내린다
마치 내 마음처럼

삶

다시 태어나
인생을 시작한다고 하면
기꺼이 그러겠다고 말하는 사람은
다시 시작해도
지금보다 멋진 삶을 하지 못한다

많은 시간 동안 살면서
하지 못한 것에 대한 핑계의 무덤을
무수히 만들었다고 말하면
돌을 던질지 몰라도
그렇게 말하고 싶다

만족하는 삶이 있으랴
칡과 등나무처럼 갈등도 하고
상처받은 사람 고마워하는 사람도
더러 있겠지

주변을 돌아보며
슬픈 일이 있으면 같이 울고
기쁜 일이 있으면 같이 웃으며
얼기설기 엉키어 살아가는 것이
우리네 삶이 아니던가

부족한 삶은 채울 것이 있지만
가득 채워진 그릇은
바람만 불어도 넘치는 법
구멍 난 그릇이면 또 어떤가
무소유를 실천하니
그 또한 좋은 삶이 아니겠나

욕심내지 말고
지금, 살아가는 것에 만족하며
주위도 한번 돌아보면서
그렇게 살다 가는 것이 우리네 삶이다

부러워도 부러워하지 말자
그래도 사람으로 태어나 살아가니
그보다 더한 복이 어디 있으랴

삶은
꾸미지 않은 소설
그 속에서
주인공으로 살아가고 있다

그 누구도
간섭하지 못하는 소설을 쓰고 있으니
이보다 멋진 것이 어디 있으랴

그리운 사람 2

살다 보면 생각나는 사람
그 사람은
그리운 사람

꿈속이라도
살포시 와 주길 기다려도
오지 않는 보고 싶은 사람

아침 찬 바람에
아려 오는 것이 있어 하늘을 보니
짙은 안개 속에 붉은 태양이 걸려 있고
그 사이로 언뜻 보이는 얼굴
그 사람 거기 있네

때가 되면 떠난다는 사실을
그땐 몰랐구나
그리워하는 사람은
남겨진 사람이란 것을

출근길

아침 여섯 시 십 분
나는 엘리베이터를 탑니다
출근하는 시간입니다

사십일 킬로
나의 일터까지 거리
라디오에서는 아침 방송이 흐르지만
좋아서 듣는 것은 아닙니다
무료한 고속도로에서
혹시나 졸음운전 하면 안 되니까요

4차선에서 1차선까지
좌측 깜빡이를 켜고 추월 차선을
어렵게 들어섭니다
전에 없었던 구간 단속이
또 하나 추가가 되었습니다
감시당하는 느낌이라
썩 기분이 좋지는 않습니다
여의도에서 졸고 있는 사람들이나
잘 감시하면 좋으련만

나들목 나올 때쯤
라디오를 끄게 됩니다
내 생각과 다른 방송이 시작되기 때문에
꺼 버리는 겁니다

아침은 그래도 좋습니다
밝은 햇살도 있고
내 마음처럼 비가 내릴 때도 있으니까요
안개가 자욱할 때는
비상 깜빡이를 켠 앞차를 쫄랑쫄랑
편하게 따라갑니다
그래야 안전하니까요

출근길에서 하루를 계획합니다
대부분 빗나가지만 그래도 그게 좋습니다
다 맞으면 재미없잖아요
가끔,
한두 번은 맞을 때가 있습니다
그날은 복 받은 날이지요

이게, 제가 출근하는 모습입니다
다음에는 퇴근길도 써 보겠습니다
너무 기대하지는 마세요

정년을 앞둔 친구에게

너에게 전화했지
특별히 할 말이 있어서 한 건 아니었어
생각나서 번호를 눌렀을 뿐
그냥 습관적으로 했지
며칠 전에도 만났었는데
딱히 뭐 할 말이 있었겠나

누가 그런 말을 했어
나이 들면 필요한 것 중에
친구가 있어야 한다고
이제 나이를 먹었다는 것이지
세상 살다 보니 여기까지 오게 된 거야
옆에는 네가 있었고
지금도 내 곁에 항상 있지

우린 친구지
피 한 방울 섞이지 않아도
목소리만 들어도 알고
눈빛만 봐도 아는 사이
아이들 모두 독립하고 나면
자주 만나서 낚시도 하고
회에 소주 한잔도 하면서

곱게 같이 늙어 가겠지

퇴근해서 저녁놀을 봤어
옛날에 내 아버지도 봤을
그 노을빛 말이야
그때도 이렇게 아름다웠을 거야

어제는 달빛이 너무 좋았어
옛 기억이 하나씩 살아나더라
물론 그 속에 너도 있었어
아마 너도
달을 봤으면 내 생각을 했을지 몰라

사십 년 전에도
우리는 그 달빛 맞으며
거리를 돌아다녔어
네온사인에 덮인 도시가
우리들 놀이터였지

친구
남은 놀이터가 어디 있는지 찾아봐
네가 먼저 정년 퇴임을 했으니
자리 잡고 기다려
나도 얼마 남지 않았을 거야
부르면 만사 놔두고 달려갈게

그릇

우리 집에
그릇이 많이 있다
다른 집에도 그만큼은 있겠다

밥그릇과 국그릇은
언제나 밥과 국이 담기는데
반찬 그릇은
때마다 다른 것이 담겨 상에 오른다
변화무상하게

아무리 맛있어도
반찬 그릇보다
매일 같은 자리에 담기는
밥이랑 국이 주인인데
그놈의 반찬이 밥맛을 좌지우지하니
이게 무슨 조화인가

입이 간사한 역신인데
아니라 하면서 식사한다
오늘 아침은
간장게장이 주인행세를 했고

어제는 전갱이구이가 그랬다

아침마다 식사하러 오는
아들놈들이 집사람에게는 상전이다

가만히 생각해 보니
집사람은 아이들 하는 것을 보며
그날 기분이 왔다 갔다 한다

나는 밥그릇이고
아이들은 반찬 그릇이다

인생이란 그릇

이보시게,
자네 그릇은 냉면 그릇처럼 커서
아직도 채울 것이 많아

내 그릇은 내가 보지 못하니
채울 것이 더 있는지
아니면, 차고 넘치고 있는지 몰라서
매일 아등바등하고 있지

신은 사람이 태어날 때
크기를 정해 준다고 하던데
그 말도 긴가민가해

욕심이 화를 부른다는 말은
맞는 말인 것 같기는 해
과하면 부러진다는 말을
살면서 몇 번 경험해서
인정하지 않을 수가 없으니까
다음에 만나면
세심하게 한번 봐 주시게나
내 그릇이 어떤지 말일세

인생이란 그릇은
스스로 채우는 것이 아니라
다른 사람이 채워 준다는 생각을
요즘 많이 하게 돼
이제야 철드는 것이지
지금이라도 느꼈으니
얼마나 다행스러운 일인가

자네의 덜 채워진 그릇은
오늘부터 내가 채우려고 해
자네는 확인할 수 없으니
채워도 모르겠지만
다른 사람들이 말해 주면
내가 채운 것으로 알고 있게나

그릇이 비워질 때까지는
우리 서로 채워 주면서 살아 보시게
인생이란 그릇은
욕심으로는 채우지 못하는 것이니
서로 조금씩 채워 주면서 말일세

내 그릇이 넘치면
자네에게 부어 줄 테니
자네 그릇이 넘치면 나에게 주시게
넘치면 아까운 것이 인생이니까 말일세

그놈

너는
희망을 보았니
어떻게 생긴 것이었니

너는
사랑을 보았니
그건 어떤 모습이었니

내 눈에는
아무것도 보이지 않아
점점 흐려지는 느낌이 들어

어린 시절이 생각이 난다
그때는 총명했었나 봐
지금은 그게 없어

봤으면
내 귀에 소곤거려 줘
길이 보이게

혼탁해지는 사회가
나락으로 내모는 느낌
나만 그런 것이니

그놈의 입담이 싫어졌어
어느 날부터
늑대의 울음으로 들려오기 시작했어
거기에는
희망도 사랑도 없어

라디오 켜기가 겁이 나
귀가 먹었으면 좋겠어

노을 꽃

아름답다는 말을
자주 하지 못하게 되었다
세월을 보내면서
너무 많은 것들을 눈에 넣으며
점점 그 말을
쉽게 하지 못하게 되었으니까

가을에 단풍을 보아도
찬란하게 꽃 피우지 못하면
그냥 그런 단풍이 되었고
화단에 피어 있는 꽃들도
예쁘게 눈에 들어오지 않았다

오늘, 저녁노을이 너무 예쁘다
저녁에 피는 꽃이
처음 본 것은 아닐 텐데
이렇게 아름답게 다가온 적이
언제 있었을까

노을이 너무 곱다
내 눈에 비친 그 모습이
왜 그렇게 예쁘게 다가왔을까

보고 싶은 사람

내가 슬플 때
몰래 아픈 가슴 만져 주셨던
당신은 지금 어느 별에 살고 있나요

가을 안개 자욱한 날에
방울 되어 비치는 당신
대답 대신 미소만 띠다
한잔 술을 비우고 나면
훨훨 날아 떠나셨지요

고왔던 사진 꺼내 봅니다
꿈에 한 번 들르지 않고
그리움만 주는 당신이 미워질까
가슴 졸이는 내 모습이
그 별나라에서는 보이지 않던가요

그리움이 더하는 날에는
빛바랜 사진을 꺼내 봐야 하는
내가 어여쁘지 않으신가요

보고 싶은 사람아

소리 없는 외침

밝은 달이
설악 흔들바위에 걸리는 날
남쪽 나라에서 홍시가 익어 갔다

이제 생명을 다한 잎사귀는
가을날 아름다운 사랑을 담아
단풍 만들고
하늘에 놀던 연이 떨어진 자리
아이들 깔깔 소리 내어 웃었다

대공원에 놀던 아이도
장사하는 사람들도
동네 어귀에 모여
레몬보다 더 찐한
라임 나무 향기를 가슴에 담는다

바위가 타오르던 날
환희의 깃발을 꽂겠다던
한숨 소리가 겨울로 달린다

같이 살자고 외치고
아이들 소원을 품겠다던 말이
거짓이 되었을 때
세상은 시험장이 되었다

새봄이 찾아오는 날에는
개나리 향기 가득 가져와
아이들 뛰노는 소리 어귀에 들려
잠에서 깨면
숨죽여 우는 한숨 대신
희망 소리 가득했으면 좋겠다

아이들은
이제, 지쳐 움직이지 못한다
긴 숨만 침묵으로 남아 메아리치고
놀란 낙엽이 바닥으로 떨어졌다

가을이 떠나간다
동토의 땅으로 끝없이

침묵해야 하는 시간 대신
소리 없는 외침이
서서히 다가오고 있다

무모한 사랑

태어났을 때
사방이 막혀 있는 어항
그곳은 아늑했다

커 가면서
가두리로 옮겨지는 날
작은 그물망으로 들어오는
플랑크톤을 먹으며 커 갔다

얼마나 지났을까
다시 다른 가두리로 옮겨지는 날
밖으로 나가려고 했을 때
몸이 커졌다는 것을 알았다

시간이 흘러
다시 다른 가두리로 옮겨졌다
그물망이 커다래서
이제는 나갈 수 있겠다고 쾌재를 불렀다
나가지 못했다
몸이 더 커진 것이다

가두리가 풀리는 날
내 세상이 왔다는 생각에
환호성을 질렀다
그게 세상살이 시작이었고
무모한 사랑이 무엇인지 알았다

내가 울타리 되어
그 빚을 갚으려 했을 때
가두리를 만들었던 사람은
그리 오래 기다려 주지 못하고 떠났다

나도,
그런 사랑을 하는 중이다

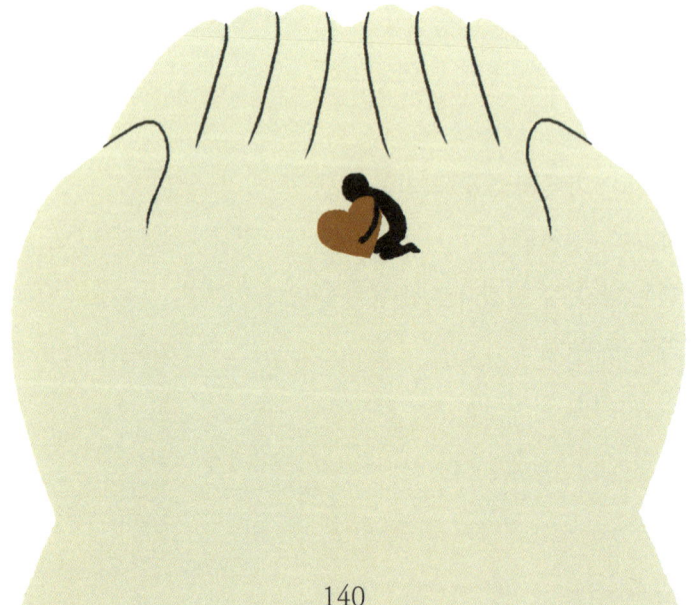

하루 2

우린, 하루를 살고 있다
매일 더해지는 것이라
여러 날 살아오면서
어제의 연장이고
내일은 항상 있을 것이라며
살고 있다

그 하루를 살지 못하면
다음 날은 살고 싶었던 하루가 될 뿐
오늘 하루가
얼마나 소중한 것인지 잊고 산다

몸이 아플 때면 가슴이 슬쩍 말을 건다
어제는 최선을 다했고
내일은 무엇을 할 것이냐고

당당하게 답해야 하는데
그렇지 못할 때
거울을 본다
나에게 미안해서

두 번 주지 않는 선물
나에게 주어진 하루

인생

사계절은
돌고 돌아 다시 오는데
인생은 돌아오지 못하는 열차를 타고
겨울을 향해 달린다
가을이 떠나가듯

도착할 역에서
가졌던 것 모두를 내주고
빈손으로 내려야 한다

오늘도 어김없이 그 속에 녹아들어
내 하나의 소설을 쓰다 말고
문득, 어디쯤 있을지 곱씹어 본다
아직도 나에게는
파릇한 봄이길 기도하면서
겨울로 가는 열차는
아직 오지 않았다고 생각하면서

낙엽 밟는 소리에
가을 아침이 젖어 든다

그대여

그대 떠나는 날에
너무 그리워 잠 못 이루고
밤새워 흘렸던 눈물이
아침에 비 되어 내리나 봅니다
당신이 있는 그곳에도
가을비가 내리고 있나요

떠오르는 당신 모습에
눈시울 적시는 것이
잊으려 애쓰지 않는 것이
더 슬프게 합니다

그대 떠나는 날에는
즐거운 날들이 오지 않으리라 생각했는데
계절이 여러 번 바뀌고 나니
그리움도 점점 작아집니다

당신이 더 그리워지는 날에는
그날로 돌아가 다시 눈물 흘리려 합니다

아버지
그리움이 꽃처럼 피어나는 날
당신의 이름을 부르렵니다

분에 문에

살아가며
당신 덕분에 웃을 수 있고
덕분에 힘이 생겨
사는 맛이 난다

살다 보니
너 때문에 화도 나고
너 때문에 울며
섭섭해하기도 한다

하루는 덕분에
어떤 하루는 때문에

분에 문에
정이 들었나 보다
당신 덕분에 때문에

사랑하고
때로는 미워하면서
그래도
네가 곁에 있어 좋다

우리가 심은 꽃씨

당신 가슴에
사랑이 숨 쉬는 것은
예전에 내가 심었던
사랑의 꽃씨였나 봅니다

가끔
미워하는 마음이 생기는 것은
심었던 것 중에
미움의 꽃씨도 있었나 봅니다

내가 당신을 사랑하는 것도
미워질 때가 있는 것도
당신이 심어 놓은 꽃씨랍니다

당신도 내 가슴에
여러 개를 심었나 봅니다

꽃을 피워야
알 수 있는 것이
우리가 심은 씨앗인가 봅니다

오늘부터 심는 것은
사랑의 꽃씨면 좋겠습니다

퇴고 & 인생

쓴 글을 다시 읽어
틀린 것들을 고치고
어눌한 문장은 다시 가다듬고
글을 쓰는 것보다
더 힘든 일을 어제부터 시작했다

한 번 더 퇴고하고 나면
원고 쓰는 것을 마무리하는
탈고 작업이 끝날 터인데
처음 쓴 글에 담았던 감정을
다시 꺼내는 것이
글을 쓰는 것보다 어렵다

인생은 퇴고가 가능하다 해도
하지 않으려 한다
살아온 날은 퇴고해도
지금의 내 모습이라
힘들 게 다시 하지 않겠다

잘못 써도 고치지 못하는
퇴고 없는 것이 인생이라서

인연에 대한 생각

스치듯 다가와
문득 돌아보니 곁에 있는 만남
우린, 그런 인연이 있었나 보다

수없이 많은 날에게 물어보면
어떤 대답으로 설명할지 몰라도
아마도 그건,
찰나의 순간이라 말하기 힘들겠지

순간의 만남이 있었다고
인연이 되는 것은 아니기에
우린 눈빛으로 주고받았던 것에
마음을 보냈을 것이다

쉽게 시작했을지 몰라도
쉽게 끝내지 못하는 만남을
인연이라고 말하고 싶은데
네 생각은 어떠니

하늘이 갈라놓을 때까지
다가서려 하지 않아도 되고

다가서면 고마움이 싹트는 것이
인연이라 말하고 싶다

연인도 친구도
쉽게 목매지 않을 때
진정으로 가슴에 꽃피우는 것
그런 인연이 우리 만남이었다

인연은 뒷모습을 보았을 때
미안함이 있어야 한다
너를 보면 눈물이 난다
마음속으로 흘려
너는 보지 못하겠지만

우리 인연은
세상에서 가장 아름다운 꽃이라
타인에게 보여 주는 것은
아깝다고 생각했다

내 사랑이라서

사랑과 우정

사랑해서
떨어지기 싫어서
결혼을 하고

나를 이해해 줄 사람이 필요해서
친구를 만난다고 생각했는데

그건,
사랑도 우정도 아니더라

사랑과 우정이
얼마나 어려운 것인가를 배우며
아픔에 덧칠하고 알아 가면서
내려놔야 하는 것을 찾는 것이
그것이더라

쉬운 사랑
보잘것없는 우정은 없더라
값진 보석은 돈으로 살 수 있지만
그것은 내 가슴을 먹고 사는 것이라

어렵다

에필로그

  다섯 번째 시집을 내면서 나름 성숙한 이야기를 써 보려고 했지만, 완성된 인간이 아니라서 그런지 날마다 변하는 감정을 속일 수는 없었다. 사람 사이에서 살다 보면 하루는 긍정적인 면을 보기도 하고, 부정적인 면을 보기 때문이라고 변명하고 싶다. 사실, 사람 마음은 간사한 구석을 내포하고 있는 것이라서 그럴 수 있다고 본다.

  다음 시집에서도 그 범주를 벗어나지 못하겠지만, 주변에서 보이는 것과 살아가는 과정에 느낌을 솔직담백하게 쓸 생각이다. 책 제목처럼 우리가 심은 꽃씨 하나가 잉태하기까지는, 많은 시간이 필요하고, 힘든 환경에 살아남기 위한 몸부림이 있어야 한다. 그런 몸부림의 시간 위에서, 글은 하나의 모습을 가지고 태어나는 것이 아니겠는가. 글을 쓰는 사람들은 여러 가지 모습을 만든다고 생각한다. 그리고 글을 읽을 때, 읽는 사람마다 다른 감정으로 받아들일 것이며, 공감과 부정을 하다 보면, 또 다른 삶의 과정을 느낄 수 있을 것이라 본다.

  작가인 나 자신도 같은 시를 읽어도, 기분에 따라 다른 모습으로 다가오는 경험을 했으니까. 나의 글을 읽으신 독자들도 그러리라 생각하면서 6집을 준비할 생각이다.